STICKER ART BOOK

WINTER SPORTS

스티커 아트북-동계 스포츠

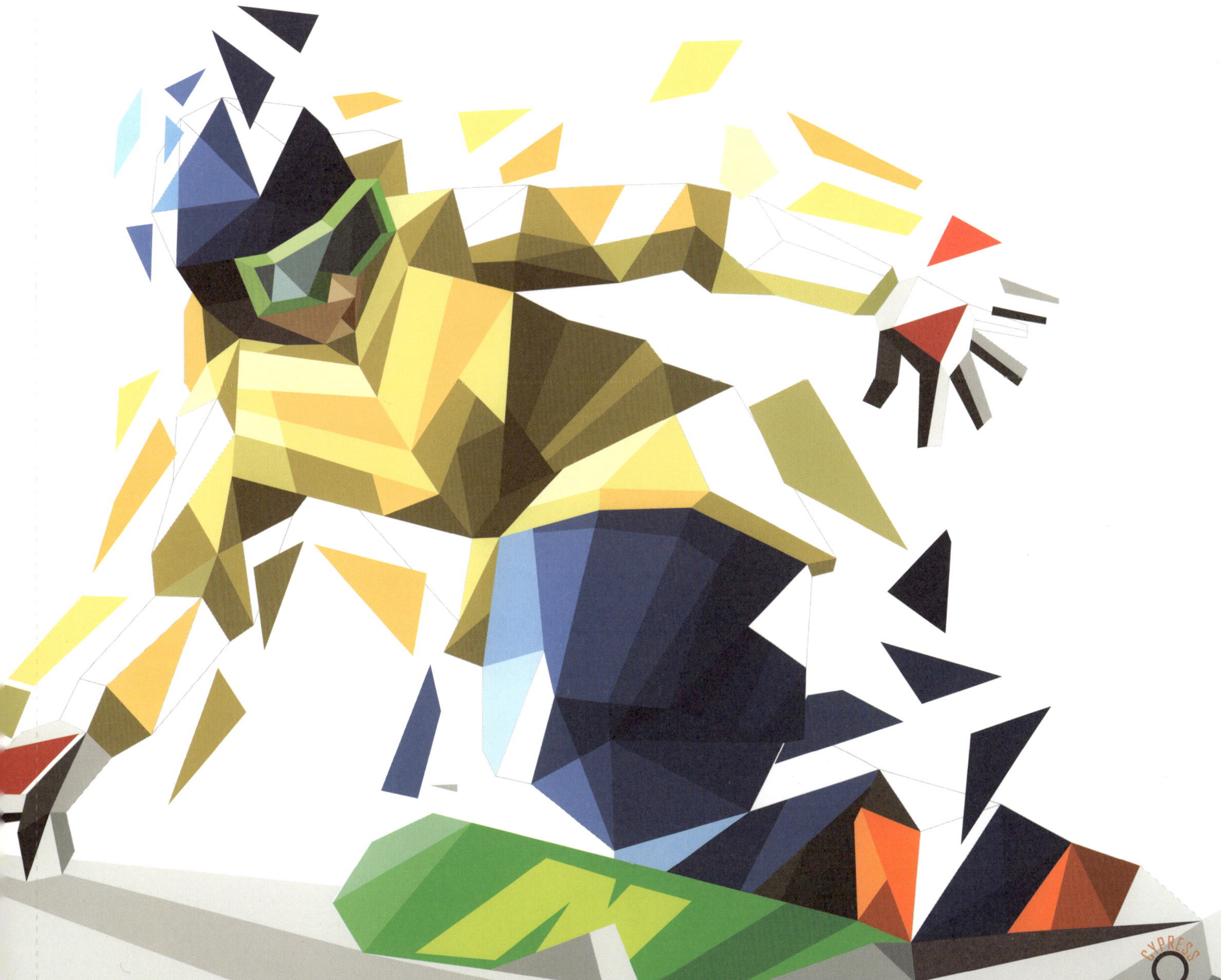

싸이프레스

스포츠 일러스트레이터 진완(JINVIB)

체육을 전공한 스포츠 일러스트레이터이자, 프로 스포츠 상품의 콘셉트를 기획하고 디자인하는 스포츠 디자이너로 활동하고 있다. 전공인 스포츠에 대한 이해를 바탕으로, 아직은 생소한 '스포츠 디자인' 분야를 개척해 나가고 있다. 다음 세대를 위한 더 다양한 스포츠 시장을 만드는 데에 커다란 역할을 하고 있다는 개인적 신념을 가지고, 스포츠 디자인을 통해 스포츠가 가지고 있는 긍정적인 인식과 부가 산업 가치를 상승시키고자 노력하는 중이다.

홈페이지 www.jinvib.com / 인스타그램 @jinvib

스티커 아트북-동계 스포츠

초판 1쇄 발행 2018년 2월 5일
초판 11쇄 발행 2023년 11월 6일

지은이 진완
펴낸이 김영조
편집 김시연 | **디자인** 이병옥 | **마케팅** 김민수, 조애리 | **제작** 김경묵 | **경영지원** 정은진
교정 김혜원, 오진하 | **외주디자인** 김영심
펴낸곳 싸이프레스 | **주소** 서울시 마포구 양화로7길 44, 3층
전화 (02)335-0385/0399 | **팩스** (02)335-0397
이메일 cypressbook1@naver.com | **홈페이지** www.cypressbook.co.kr
블로그 blog.naver.com/cypressbook1 | **포스트** post.naver.com/cypressbook1
인스타그램 싸이프레스 @cypress_book | 싸이클 @cycle_book
출판등록 2009년 11월 3일 제2010-000105호

ISBN 979-11-6032-039-8 13630

※ 이 책은 저작권법에 따라 보호를 받는 저작물이므로 무단 전재 및 무단 복제를 금합니다.
※ 책값은 뒤표지에 있습니다.
※ 파본은 구입하신 곳에서 교환해 드립니다.
※ 싸이프레스는 여러분의 소중한 원고를 기다립니다.

HOW TO USE STICKER ART BOOK

스티커 아트북,
이렇게 활용하세요!

이 책은 10가지 폴리곤 아트(Polygon Art) 작품에 스티커를 붙여 완성하는 액티비티북(Activity Book)입니다. 폴리곤 아트는 이미지를 도형으로 나누어 입체감 있게 표현하는 미술 기법을 뜻합니다. 바탕지에 이 책의 스티커를 모두 붙여 완성하면 입체감 있는 작품을 감상할 수 있을 거예요. 또한 스티커 아트북을 완성하는 과정은 단순히 스티커를 붙이는 행위에서 끝나지 않고 집중력을 기르는 명상으로까지 이어집니다.

책은 크게 작품의 바탕지가 들어 있는 본책과 스티커가 들어 있는 스티커책으로 나뉩니다. 본책에는 실제 스티커를 붙일 수 있는 바탕지 10개가 쉬운 작품부터 난이도별로 나열되어 있고, 스티커책에는 바탕지를 채울 수 있는 스티커가 있습니다. 본책에서 작품을 고른 다음 스티커책에서 해당하는 스티커를 찾아서 작업하면 됩니다. 스티커책의 나열 순서는 본책의 작품 나열 순서와 일치합니다.

책의 내용을 확인했다면 이제 스티커를 붙여볼까요?

1 완성하고 싶은 작품을 고릅니다
다음 페이지를 펼치면 이 책에 나오는 10가지 작품의 완성된 모습을 확인할 수 있어요. 여기서 마음에 드는 작품을 고르세요. 여러 개를 동시에 붙이다 보면 헷갈릴 수 있으니 한 번에 한 작품씩 골라서 도전하는 게 좋아요. 작품은 스티커의 크기가 커서 금방 완성할 수 있는 것부터 스티커가 작고 많아 붙이기 어려운 것 순으로 정렬되었습니다. 처음에는 앞부분의 쉬운 작품을 택해 감을 익히도록 하세요.

2 스티커를 떼어내어 해당 번호에 붙입니다
모든 스티커는 손으로 쉽게 떼어낼 수 있습니다. 스티커를 떼어낸 다음 작품 면의 해당 번호 부분에 붙이세요. 붙일 때는 되도록 선을 벗어나지 않도록 주의하는 게 좋습니다. 선에 딱 맞게 붙여야 깔끔한 작품이 완성되거든요.

3 책에서 작품을 뜯어내어 전시할 수 있습니다
스티커를 모두 붙여 작품을 완성했다면 작품 면을 책에서 뜯어내어 벽에 붙이거나 액자에 넣어 감상해도 좋습니다.

참고하세요!
작품 면과 스티커 면을 왕복하는 과정이 복잡하다면 스티커 면이나 작품 면을 책에서 뜯어낸 다음 붙이세요. 책의 모든 페이지에 뜯어내기 쉽도록 절취선을 넣었으니 이 선에 맞추어 천천히 뜯어내면 됩니다.

CONTENTS
한눈에 보는 스티커 아트

1 쇼트 트랙 바탕지…7 | 스티커…29~32

2 크로스컨트리 스키 바탕지…9 | 스티커…33~36

3 스키 점프 바탕지…11 | 스티커…37~40

4 스피드 스케이팅 바탕지…13 | 스티커…41~44

5 스노보드 바탕지…15 | 스티커…45~48

6 스켈레톤 바탕지…17 | 스티커…49~52

7 봅슬레이 바탕지…19 | 스티커…53~56

8 피겨 스케이팅 바탕지…21 | 스티커…57~60

9 컬링 바탕지…23 | 스티커…61~68

10 아이스하키 바탕지…25 | 스티커…69~76

일러두기
모든 바탕지의 뒷면에는 해당 동계 스포츠에 대한 설명을 실었습니다.
스티커를 붙이며 동계 스포츠에 대한 지식도 쌓아보세요.

쇼트 트랙 Short Track

정식 명칭은 쇼트 트랙 스피드 스케이팅으로, 보통 쇼트 트랙이라고 약칭한다. 400m의 롱 트랙 스피드 스케이팅에 비해 111.12m의 짧은 아이스 링크 트랙에서 경기하기 때문에 쇼트 트랙이라는 명칭이 붙게 되었다.

4~6명의 선수들이 동시에 시합을 하며 기록보다 순위가 중시된다. 그래서 힘과 지구력도 필요하지만 순발력과 기술이 매우 중요하다. 곡선 주로에서의 스케이팅이 승부의 관건이므로 스케이트는 스피드 스케이팅용 스케이트보다 날의 앞부분이 2cm 정도 짧으며, 날 끝은 5mm 이상 둥글게 깎여 있다. 규칙상 경기할 때는 반드시 헬멧을 착용해야 하며, 승부의 주요 변수가 되는 코너 워크(corner work) 기술을 구사할 때는 왼손을 빙판 위에 짚는 것이 가능하다. 또한 결승선에 스케이트 날의 앞쪽이 닿아야 완주로 인정된다.

우리나라는 1983년 일본에서 개최된 세계 선수권 대회에 처음 출전했으며, 1985년에 대표팀이 구성되었다. 쇼트 트랙이 1992년 제16회 알베르빌 동계 올림픽 대회에서 정식 종목으로 채택된 이후 지금까지 꾸준히 메달을 거머쥐며 쇼트 트랙 강국으로 명성을 떨치고 있다.

크로스컨트리 스키 Cross-country Ski

스칸디나비아 지방에서 시작된 노르딕 스키의 한 종목으로, 스키의 마라톤이라고도 불린다. 북유럽, 캐나다, 알래스카와 같은 눈이 많은 지역에서 대중적인 스포츠로 자리 잡고 있다.
크로스컨트리 스키의 종목은 10km, 15km, 30km, 50km 등이 있다. 각 종목은 평지, 오르막길, 내리막길 구간이 각각 약 3분의 1씩 이루어져 있으며 전체 코스를 완주하는 데 걸린 시간으로 순위를 가린다. 주법에는 클래식 주법과 프리스타일 주법이 있다. 클래식 주법은 스키를 평행하게 만든 후 걸음을 걷듯이 앞뒤로 움직이며 주로를 따라 전진하는 주법이다. 프리 스타일 주법은 양다리를 좌우로 지치며 전진하는 주법으로 마치 스케이트를 타는 듯이 움직인다. 클래식 종목에서 프리스타일 주법으로 움직인다면 실격된다.
1990년 일본 삿포로에서 열린 제61회 미야사마 국제 스키 대회의 남자 주니어 15km 종목에서 박병철 선수가 국제 대회 최초로 금메달을 획득했으며, 2007년 같은 대회에서 이춘자 선수가 여자 5km 클래식 종목에서 우승을 차지했다.

스키 점프 Ski Jump

급경사의 인공 구조물에서 스키를 타고 활강한 후 도약대로부터 허공을 날아 착지하는 경기다. 활강과 비행의 모습이 아름다워 '스키 경기의 꽃'이라 불리기도 한다.

스키 점프는 도약대의 길이에 따라서 120m 경기인 K-120(라지 힐)과 90m 경기인 K-90(노멀 힐)로 나뉜다. 채점 항목으로는 비행거리와 자세 부문이 있는데 비행거리는 K-90의 경우 비행 기준 거리인 90m에서 초과하는 1m당 2점이 가산되고, 미달하면 2점이 감점된다. K-120의 경우에는 1m당 1.8점이 가감된다. 자세는 스키 점프의 3요소인 도약, 비행, 착지를 기준으로 채점하며 이중 착지 자세가 점수의 절반을 차지한다. 특히 양팔을 벌린 채 한쪽 무릎을 굽혀 충격을 흡수하는 자세인 '텔레마크' 착지 자세를 잘해야 높은 점수를 받을 수 있다. 다섯 명의 심판이 각각 20점 만점으로 채점하는데 가장 높은 점수와 낮은 점수를 뺀 나머지 세 명의 점수를 합산해 60점 만점으로 계산한다.

우리나라는 1998년 제18회 나가노 동계 올림픽 대회 이후 꾸준히 참가하고 있다. 2003년 동계 유니버시아드의 개인전과 단체전에서 금메달을 획득했으며, 그 후에도 여러 국제 경기에서 메달을 획득하는 성과를 거두었다. 특히 2009년 스키 점프 국가대표 선수를 소재로 한 영화 〈국가대표〉의 흥행으로 국민들에게 많은 관심을 받는 종목이 되었다.

스피드 스케이팅 Speed Skating

동계 스포츠에서 가장 오랜 역사를 지닌 종목 중 하나며 빙상 경기의 가장 기본적인 스포츠라고 할 수 있다.
스피드 스케이팅은 400m의 아이스 링크에서 스케이트를 신고 달려 속도를 겨루는 경기다. 출전한 선수는 인코스와 아웃코스로 나뉘어 있는 경기장을 번갈아가며 주행한다. 두 명의 선수가 한 조를 이뤄 더블 트랙에서 경주하는 타임 레이스가 일반적이다. 더블 트랙은 정해진 교차 구역에서 인코스에서 출발한 선수는 아웃코스로, 아웃코스에서 출발한 선수는 인코스로 바꿔 경주한다. 교차점에서 두 선수가 동시에 진입해 충돌할 위험이 있을 경우에는 아웃코스의 주자에게 우선권이 있다. 두 선수가 충돌하거나 접촉한 경우에는 인코스 주자가 실격으로 처리된다.
우리나라는 다양한 국제 경기에서 뛰어난 기량을 발휘해왔다. 특히 2010년 밴쿠버 동계 올림픽 대회에서 이승훈 선수가 남자 5,000m 장거리와 10,000m 장거리에서 각각 아시아 최초로 은메달과 금메달을 획득했으며, 남자 500m 단거리에서 모태범 선수가 한국 최초로 금메달을, 여자 500m에서 이상화 선수가 여자 최초로 금메달을 획득했다. 2014년 소치 동계 올림픽 대회에 출전한 이상화 선수는 여자 500m 단거리에서 2연패를 달성했다.

스노보드 Snowboard

미국 산악 지방에서 널빤지를 이용한 놀이로 시작된 스노보드는 두 발을 하나의 보드에 고정시키고 눈이 쌓인 비탈을 미끄러지듯 질주하는 스포츠다. 점프와 회전, 공중묘기 등 화려하면서도 역동적이고 박진감 넘치는 고난도 기술을 펼치는 것이 특징이다.
스노보드의 경기 방식으로는 슬로프 스타일과 파이프 스타일이 있다. 슬로프 스타일은 슬로프를 내려오는 동안 여러 가지 도약대와 장애물을 이용해 묘기를 연출하는 경기며, 파이프 스타일은 U자 모양으로 만들어진 파이프를 이용해 반동력과 슬로프의 가속력으로 질주하는 경기다.
우리나라에서는 2010년 벤쿠버 동계 올림픽 대회에서 김호준 선수가 최초로 남자 하프파이프 종목의 출전권을 획득했다.
겨울철 대표 스포츠인 스키 못지않은 인기로, 최근 많은 사람들이 스노보드를 즐기기 위해 스키장을 찾고 있다.

스켈레톤 Skeleton

머리를 앞으로 향해 엎드린 자세로 썰매를 탄 채 경사진 아이스 트랙을 빠르게 활주하는 스포츠로, 아메리카 인디언들이 사냥해서 얻은 노획물을 운반하기 위해 사용하던 썰매에서 발전된 것으로 알려져 있다.
스켈레톤은 브레이크가 없는 작은 썰매를 타고 질주하는데 최고 시속 80마일(128km)까지 낼 수 있어 위험한 스포츠이기도 하다. 이런 이유로 올림픽에서 정식 종목으로 채택됐다가 중단되기도 했으나, 2002년 미국 솔트레이크시티에서 열린 대회부터 다시 정식 종목으로 복귀했다. 트랙의 길이는 보통 1,200m에서 1,300m이며 선수가 썰매의 양옆에 있는 손잡이를 잡고 직선 코스로 30m 정도 달려 가속한 뒤 썰매에 엎드린 채 트랙을 활주하며 내려간다. 방향 조종이나 제동 장비는 금지되어 있어서 어깨와 머리, 다리로 중심을 이동하는 것이 중요하다. 빠른 스타트가 중요하며, 코너 워크가 승부의 관건이다.

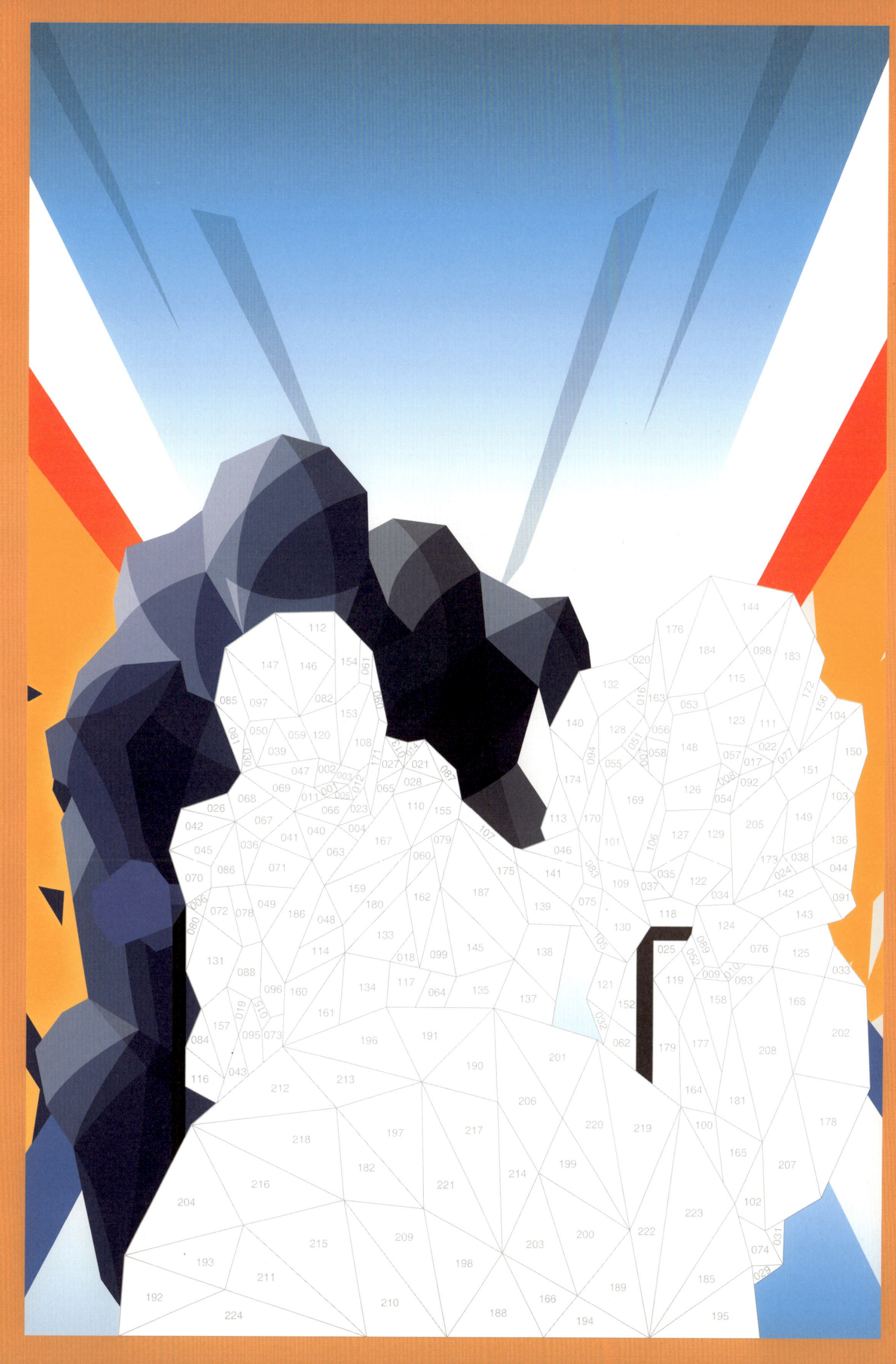

봅슬레이 Bobsleigh

특수 고안된 원통형 썰매를 미끄러뜨리며 좁고 경사진 트랙을 빠르게 내려오는 스포츠로, 봅슬레드 또는 봅슬레지라고도 한다. 이 명칭은 선수들의 몸이 앞뒤로 흔들리는 모습을 형용한 '봅(bob)'과 썰매를 뜻하는 '슬레드(sled)'가 합쳐진 데서 유래했다. 경기는 두 명 혹은 네 명의 선수가 함께 썰매를 밀어 출발한 뒤 탄력이 붙으면 재빨리 각자의 자리에 앉는 것으로 시작한다. 4인승의 경우 썰매 가장 앞에 탑승하는 파일럿이 방향을 조종하고 두세 번째에 앉는 푸시맨은 출발할 때 썰매를 밀어 도움닫기를 한다. 가장 마지막에 탑승하는 브레이크맨은 결승선 통과 후 썰매를 멈추는 역할을 맡는다. 브레이크는 직선과 정지할 때만 가능하며 커브에서는 사용할 수 없다.
우리나라에서는 2008년 미국 솔트레이크시티에서 열린 대회에서 기적처럼 동메달을 획득한 후 국민적 관심이 높아지고 있다.

피겨 스케이팅 Figure Skating

피겨 스케이트를 신고 아이스 링크 위를 활주하며 여러 동작으로 기술의 정확성과 안무의 아름다움을 겨루는 스포츠다. 다른 스케이트 종목은 속도로 순위를 매기지만 피겨 스케이팅은 음악에 맞춰 움직이는 모습으로 평가되기에 흔히 '빙상의 예술'이라고도 한다.

피겨 스케이팅은 남녀 싱글, 남녀가 한 조를 이루는 페어, 아이스 댄싱 이렇게 세 종목으로 나뉜다. 이 가운데 싱글과 페어는 쇼트 프로그램과 프리 스케이팅으로 구성되며, 두 부문에서 얻은 점수를 종합해 순위를 가른다. 주요 기술로는 점프, 스핀, 스파이럴 등이 있다.

우리나라에는 1927년에 처음 도입되었으나 국제 대회에서 눈에 띄는 활약은 없었다. 이후 2006년 주니어 세계 선수권 대회에서 우승한 김연아 선수의 등장으로 전 국민적인 관심을 누리는 종목이 되었다.

컬링 Curling

두 팀이 아이스 링크에서 둥글고 납작한 스톤을 미끄러뜨려 하우스(표적) 안에 넣어 득점을 겨루는 스포츠다. 스톤의 진로를 위해 매우 복잡한 전략과 계산이 필요해 '빙판 위의 체스'라는 별칭을 갖고 있다.

컬링은 각각 네 명으로 구성된 두 팀이 함께 경기하는 스포츠인데, 컬링 시트라고 부르는 직사각형의 아이스 링크 안에서 스톤을 미끄러뜨려 상대 팀 하우스 안에 넣으면 득점이 인정된다. 컬링 시트의 규격은 4.27m×42.07m이고, 하우스의 지름은 3.66m이다. 한 선수가 스톤을 던질 때 다른 선수들이 링크 바닥을 빗자루로 쓸어 잘 미끄러지게 하는 것이 관건이다. 두 팀이 각 여덟 개의 스톤을 번갈아 던지는 것이 끝나면 1엔드가 종료되며 총 10엔드로 구성돼 있다. 각 팀의 스톤은 핸들 색깔로 구분한다.

우리나라는 2001년 세계 주니어 컬링 선수권 대회에서 남자팀이 4강에 진출했으며, 2007년 동계 아시안 게임에서 남녀 각각 금메달을 획득하는 등 국제 대회에서 좋은 성적을 내고 있다.

아이스하키 Ice Hockey

여섯 명으로 구성된 두 팀이 고무 원판의 퍽을 스틱으로 쳐서 상대팀의 골문에 넣는 스포츠다. 캐나다에 주둔하던 영국 군인들이 아이스하키를 만들었다는 설도 있고, 몬트리올의 맥길 대학생들이 처음 아이스하키를 했다는 설도 있는 등 유래에 대한 여러 가지 의견이 있다.

양 팀의 센터가 심판이 가운데에 떨어뜨려주는 퍽을 스틱으로 서로 빼앗는 페이스오프(face off)를 하는 것으로 경기가 시작되며, 골문에 퍽을 넣으면 득점이 인정된다. 경기는 20분씩 3회로 1시간 동안 진행된다. 각 20분을 1피리어드라고 하는데, 3피리어드로 승부가 나지 않을 경우 10분 연장전을 실시하며 선취득점과 동시에 경기가 종료된다. 아이스하키는 몸으로 상대에게 부딪치는 보디체크가 허용되는데 이로 인한 위험한 플레이가 많아 규칙이 엄격하다.

우리나라는 1979년 에스파냐에서 열린 세계 선수권 대회에 처음 참여했다. 1986년 제1회 및 1990년 제2회 동계 아시아 경기 대회에서 동메달을 획득했으며, 1994년 중국에서 열린 아시아 주니어 선수권 대회에서 2위라는 좋은 성적을 거뒀다. 1989년 서울 목동의 실내 아이스 링크장을 완공한 이후 공식 국제 대회 및 국제 친선 경기를 개최하고 있다.

STICKERS
WINTER SPORTS

1 쇼트 트랙 스티커…29~32

2 크로스컨트리 스키 스티커…33~36

3 스키 점프 스티커…37~40

4 스피드 스케이팅 스티커…41~44

5 스노보드 스티커…45~48

6 스켈레톤 스티커…49~52

7 봅슬레이 스티커…53~56

8 피겨 스케이팅 스티커…57~60

9 컬링 스티커…61~68

10 아이스하키 스티커…69~76

봅슬레이 001~151

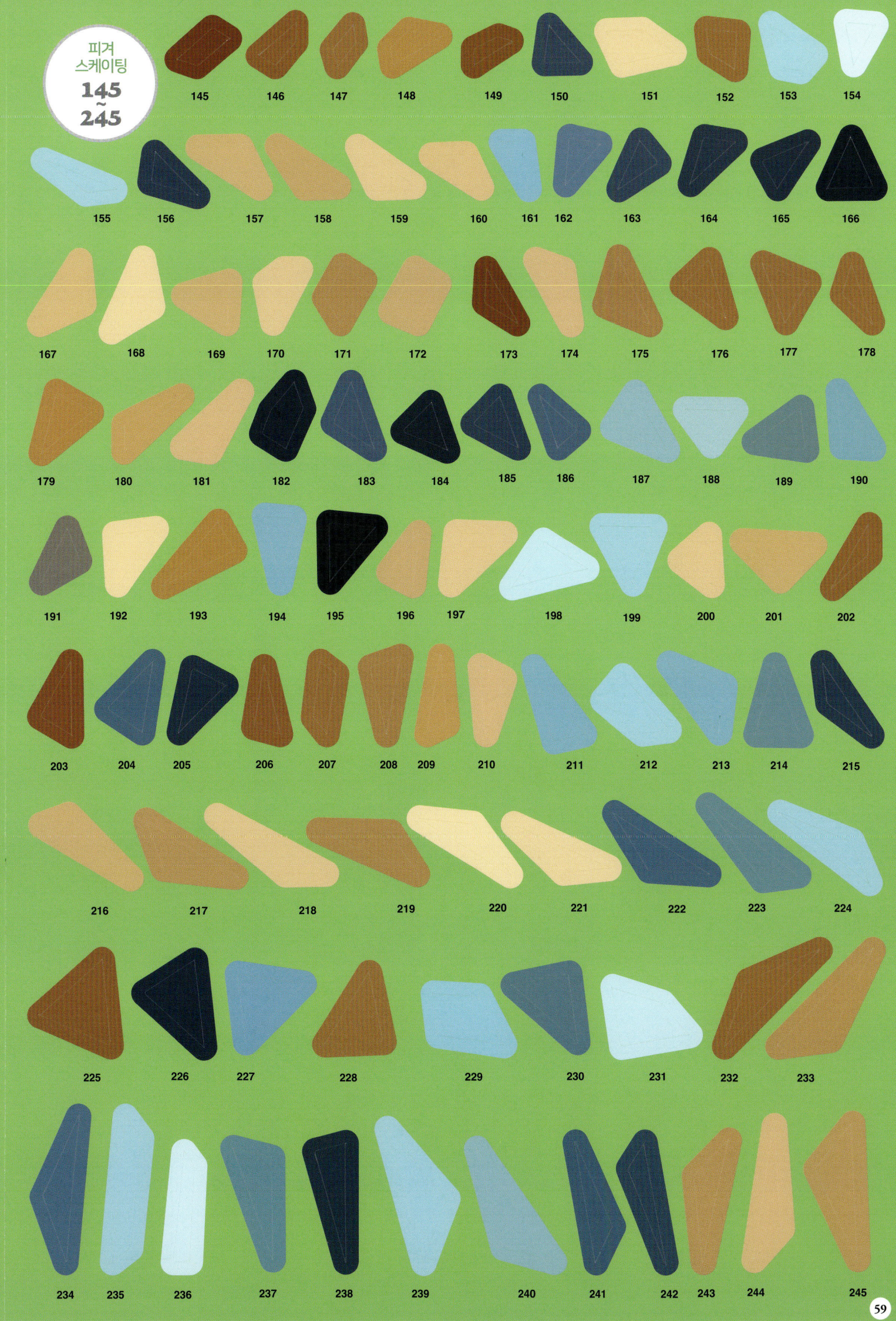